作者珍藏版

創作的時間：一九四六——二〇一二

夢幻小品

潘皓・著

夢幻小品

自序

這是一本自選的《夢幻小品》，它在我心海中已經珍藏著很久了。如今，能在二〇一二年除夕前一日出版，真的是值得欣慰的呀！

一、

首先，我要特別加以說明的是，雖然我的專業是社會學領域，但文學卻成了我的最愛，尤其是現代詩，不知為什麼？從中學時代開始嘗試寫作以來，已經超過一甲子，未曾因任何轉折而使之間斷。所謂：「凡走過必留下痕跡」，其中每一個腳印，無不是在冒著風雨以血與淚所寫出來的。如今，當我走回時光隧道，面對著那些不可思議的點點滴滴，都好像還是昨天的情景。

二、

我想，凡是對文藝稍有認知的人，都會瞭解，詩之所以能成為文學和藝術的經典，其關鍵就在於創作時，如何能抓得住那個可以凸顯其聚焦的「意象」？析言之，那就是意境、情景、和哲思的審美性。

關於這一點，我個人以為，在創作的範圍上，真正要表達的，只不過是由於光陰的流逝，對人生的影響之呈現而已。舉例說，像生離，死別、衰老、病痛，或死亡等，無不是因時間的轉折所產生的。因此，我於一九四九年，為避免國共內戰砲火的波及，與追求自由，隻身流浪到臺灣，我那首《獻禮》，就是這樣寫出來的。

來到這島上，我只
帶來了一首詩
一份無可取代的心靈獻禮
　獻給二十世紀
這飛揚的時代

多災難的中國
以及為自由而戰的英雄們
當蕭蕭風雨過後
我會踏一路繽紛歸去

從這裡，我可以肯定的說，詩，是唯一能夠對抗時間轉折與流逝的抗體。它就像一顆懸於九天之上的恆星，只要一遇到黑暗，它就會迸發出璀璨的光芒。

三、

於是，文學就成了我日常生活中，不可或缺的一部份。說起來，真的是有些值得玩味與不解的浪漫情懷。

因此，根據我過去曾經對中西文化史的研究，發現詩連同一切文學和藝術，首先必須是個人的，而後才是鄉土的，社會的，民族的，以及時代的。此一發展的狀態，正是詩藝文在其歷史的長河裡，有如大江東去，永恆不變的面向。

如果，想進一步的瞭解，在這裡還有一項珍貴的史料，值得提供給大家參考，那就是一九三〇年代的七月，泰戈爾（R.Tagore）和愛因斯坦（Aibert Einstein），東西二位大師級的人物，在德國的柏林會晤所留下的一些記錄。當時彼等被形容為：「泰戈爾是擁有思想家的詩人」。而「愛因斯坦則是擁有詩人的思想家」。所以，泰、愛兩位大師，在這次會晤中所討論的話題，正是「美」與「真實」和「真理」的本質。愛因斯坦首先以針對性的議題點出了他懷疑美和真，是獨立存在於人類之外。他說：「如果不再有人類，梵帝岡貝爾維迪官之阿波羅雕像，就不再美了」。可是，泰戈爾則反對此一前提。他也以假設性的意見提出了解答。他說：「真或真理應透過人類方能理解。如果有些真理對於人類的心靈，不具有感性或理性與屬性的關係，這些真或真理，就毫無意義之可言矣」。

由於那次會議沒有結論，而且也沒有預告，第二個月，泰、愛兩位大師又在柏林聚會。但這次應是他們第二次相聚。他們所談的，是以西方和印度古典音樂與文化藝術的不同為主軸。愛因斯坦以開門見山的語氣說：「就我們對文化藝術的反應而言，不論是在歐洲或亞洲，總是有相同的不確定性的因素存在」。但泰戈爾未置可否，可是 他卻希望站在東西方觀感尋求妥協的立場去得到答案之同時，他又進一步說：「在東西方求和解的過程中，一些見仁見智的個別想法，總是會慢慢地向著那放諸四海而皆準的方向靠攏」。所以他們這次的晤談，如就人類共同文化與藝術而言，這種發展，已經成了一個自然的趨勢。就像我於一九五三年的三月，所寫的那首《淡水河靜靜地流》，其內涵就具有鄉土與民族的文化色彩。

好像是一條飄流於天際的玉帶
把所有山巒都串成連綿的群島

或曰一支箭，穿過莽林與峽谷之隙
我說一幅畫，懸於霧嵐和雲影之間

有時，它也會為不平而怒吼
有時，它也會為國難而悲歌

就這樣，將飛揚的浪花留給天地
就這樣，讓充沛的活力獻給蓬萊

正因為如斯，每一個詩人，每一個文學家，每一個藝術創作者，都必須有其所從屬的個人之個人的觀點，所從屬的鄉土之鄉土的情份，所從屬的社會之社會的習俗，所從屬的民族之民族的性格，以及所從屬的時代之時代的背景。而且，不論是古典的，抑或是現代的，不論是春華的，抑或是秋實的，不論是環肥的，抑或是燕瘦的，無不各擁有其獨特的高雅風采。但是，這必須透過一個詩人，一個文學家，或一個藝術創作者，以「務本」、「突破」、與「整合」之三大要領，融合於其作品之中，才不止於抽象的、概念的，進而成為一種有活力，有生命的不朽經典。

四、

但是，要創作一首具有感性的詩，就必須針對某些具有人文核心價值的意象，以最精準的詞藻與社會流行的語言，做為自然調適的素材，然後再以創新的思維與大膽的突破，方能表現出一種審美的感知世界。

因為詩，原本是一種抒情的產物，在建構上，務必要讓它能擁有濃厚的夢幻和審美的形而上的想像，才能雕琢出驚艷的精品。像法國象徵派著名的詩人馬拉美（Stephane Mallarme 1842-1898），就曾經這樣的說過：「靜觀物象，在其喚起的幻想中，當想像飛揚時，詩乃成」。這就是說，當一個詩人，在其創作的時候，那瞬間的感受所捕捉到的一種動態畫面的情境，是非常重要的一環。

而同時，詩還需要藉著文化的審美本質，透過易於聚焦的辭彙，像爽與炫之酷的夯。如果再能以創新的形式，鏗鏘的節奏，自會建構出一種超時空的豁達之高雅的上乘之作。

再者，有關其中所謂的「情境」一詞，那只是批評家為了界定文學作品的價值之一項術語而已。它的本身是異常曖昧而抽象的，不像物理學上的名詞，那種確切或賦予它那具象性的明朗。它是隨著社會或時代的作者與讀者共同架起的一座屹立於人類感知的世界之巨塔，其間擁有永遠也挖掘不盡的奧秘。例如我於一九九六年的十月，所寫的那首《二二八事件》，全詩只有八行如后。

二二八，這被
蒙上一層
陰影的悲情傷口
為什麼經過
半個世紀還在喊痛
使得那座遭人敲掉銘文的紀念碑
終朝擁抱著一份
迷惘在夕陽下沉思？……

這首詩，如以其屬性而言，既是社會的，或民族的，同時也是時代的。其中有太多說不盡的悲哀。

五、

其次，我還要藉此機會，來談一談廿一世紀所面臨的科技壟斷與功利主義壓縮下的物化社會，使得人文精神式微，形成了一種苦難加夢魘交錯的茫茫心結，不能不令人憂心。因此，近年以來，在現代詩的創作方面，間或有失之所偏，不慎而予以誤導，加之又受到網路詩之大潮的衝擊，於是標新、立異、搞怪、耍酷，更讓那些原本與世推移，長存不朽的審美藝術，遭到最嚴重的摧殘與破壞，真的是不堪想像的呀。不過，我個人以為，詩壇有責任予以導正，而且更要以昂揚的氣質，把靈感的美學化作翺翔的翅膀，留痕於大千世界，閃爍於星光燦爛的夜空裡，好讓詩藝文歷史的長河，能迎向晨曦而留下見證的風騷。

於是，我曾於一九九五年的十月，所寫的那首《舞臺》，其中的前一段列後，請各位予以指教。

醒著的夢乃浪漫
人生之再版
當鏗鏘的鑼聲響起，您或
他總是想自舞動的手臂簇擁如森林的沸騰中
讓生命的火花
　伴著掌聲燃燒！……

這是每一個人的夢想，希望能藉此機會，讓全天下的人都能知道，他這種非比尋常的精采表現。

六、

最後，我所要談的，就是本集所收錄的詩作品，係自一九四六年的三月起，至二〇一二年的一月止，以時計之，已經超過了半世紀，其中所選出的詩，是由五六行至十行左右的夢幻小品，共一百九十二首。當然其中也有些是改寫的，或縮寫的。在編輯方面，仍依照往例分為四卷。每卷為四十八首，不作任何屬性的歸類，而只是按照創作的時程，以編年史的先後為序排列之。其主要的用意，是要讓讀者們藉此瞭解一首詩的創作及構成的時空背景。

此外，我還要特別提出者，那就是以往，屢承文藝評論家周伯乃先生為我系列詩集寫序，以及文史哲出版社彭正雄董事長多方面的協助，使得我許多著作得以順利出版。在此，我要一拼致以最誠摯的謝意！

二〇一一、九、二十八　於臺北哲思工作室

夢幻小品 目次

・卷之二

・卷之三

·卷之四

附錄

夢幻小品

作者珍藏版　卷之一

創作的時間　一九四六——一九六四

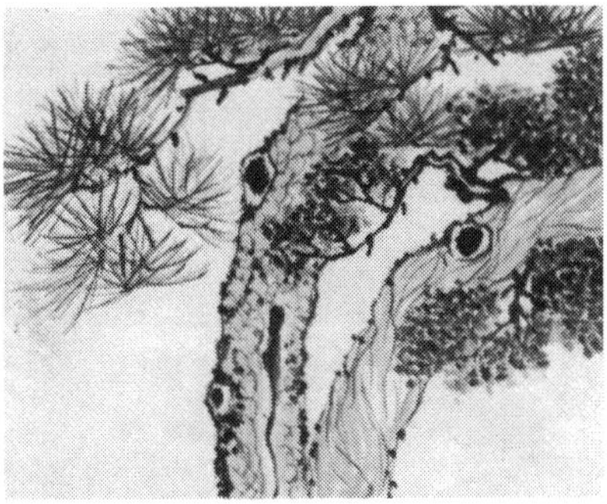

荷錢淚

瞧，有群鷺鷥
自青山外穿雲而來
但沒有想到
當她們側著翅膀向下俯衝時
卻把剛出水的
荷錢踩得浪花四濺
滴落而成淚
好一幅飄浮潑墨

一九四六、三、一二　於安徽鳳陽

候鳥

仲秋過後，自塞外
那冰封的北國
就成群越長城凌空飄搖
南止於衡陽
作客至春二三月
在雲霧中投我以遐思
掠過窗前
多如落葉片片……

一九四六、九、六　於安徽鳳陽

29

鄉村四月

湛藍的笑語
絢爛的歌聲，這季節
是最最忙碌的呀
就連養蠶人家的村姑們
也以燕剪之姿
而穿梭於桑林之間
尤其是那荷著犁趕著牛的農夫
把他希望的種子
埋在田隴後就高興的
唱了起來，而且透過每個
節柏之吐出者
全都是歡樂的音符

一九四七、四、八　於安徽鳳陽

莫等閒白了少年頭

聽：那青春的旋律
自藍空一望無際的草原上
以飛躍的舞步越過
雲的島嶼之層巒而捲起
滾滾長江東逝水
看：今日旌旗已滿山
出發吧！捍衛國土的戰士們
血應灑在疆場
莫等閒白了少年頭
空悲切

一九四七、五、一二　於安徽鳳陽

故都夢斷

在徐蚌會戰中
能夠活著
從彈片滴落如星雨地帶越層巒
穿雲而過真的太幸運了

然而當我渡過
長江之險
沒想到金陵這塊龍蟠虎踞之地
已陷入那滴血的黃昏裡

一九四八、一一、一七　於南京中山陵

江南煙柳

沒有霧何其迷濛
但見煙波外
一對剪雲而來的翻風紫燕
穿梭在妳的髮叢裡

啊煙柳，您能否
告訴我？這
綠蔭深處為什麼有那麼多
唱也唱不完的驪歌

一九四八、四、九　於皖南徽州

金華遭劫

這世界真的是
太可怕了吧
而最難忘的一次是在
浙江金華黃昏海岸，不知從哪兒
掃過來的一陣槍聲
我從死亡人堆裡爬起來
聽心跳伴隨
遍地的血花飛濺

一九四九、八、六　於浙江金華

黃花崗悲歌

雪連夜繼續飄著未歇
大地晨景被堆砌成一片茫茫
一列載著冬天的火車
把徐蚌會戰砲聲帶到南方
但當我站在黃花崗
望長空萬里就憤怒地在吟唱著
國破家亡了，為什麼
只剩下一把辛酸淚的悲歌

一九四九、一一、二　於廣東黃花崗

讓筆燈亮一盞燈

在這場為自由而
戰的搏鬥中
所憑藉的只有一枝筆
我要把它組成
正義之師，在疆場
橫掃千軍萬馬，好讓漫漫長夜
潑灑流星雨而
燃亮那璀璨的黎明

一九四九、一二、二八　於香港

獻禮

來到這島上，我只
帶來了一首詩
一份無可取代的心靈獻禮

獻給二十世紀
　這飛揚的時代
　多災難的中國
　以及為自由而戰的英雄們

當蕭蕭風雨過後
我會踏一路繽紛歸去

一九五〇、四、一〇　於臺北

詩與畫

這島嶼給予我的
印象是美麗的呀

那如黛的青山
那浪漫的白雲

還有那微沁著汗紅著臉的太陽
還有那吟唱著歌飛躍的玉流泉

啊！這是一首詩
啊！也是一幅畫

一九五〇、五、四　於臺北

陽春試筆

山把煙嵐披在肩上
輕輕地搖曳著一條艷麗而又
發光的絹絲瀑布
飄飄然凌空傾瀉而下

瞧，那成群的海鷗
一大早就飄起了白雲的翅膀
潑灑著稀碎陽光
在伴隨繆斯靈感飛舞

一九五一、二、六　於臺北

碧潭黃昏

像杯紅葡萄酒
朦朦朧朧
不帶一點兒浪漫的添加物
卻能跌宕出
如斯醉人如斯美
當那臥波的長龍
夢幻吊索橋
頻頻潑灑煙嵐逕與雲嶺上
海角紅樓握手
瞬即爆出了映山紅

一九五一、三、九　於臺北

愛與美的遐思

春晨的風，猶如
慈母推動著搖籃的手
在撫摩著
嫩綠枝頭微笑

當夕陽渾然如醉
我就會呆在湖心亭寫詩
看秋楓紅似火
賜給我以美的遐思

一九五二、三、三　於臺北

椰子樹

窗外，那擎空的
椰子樹，從
夜已闌珊，搖落了
一城燈影之後卻又把天邊
那上弦月
拋向星海浮沉

一九五二、三、五　於臺北

殘句

我曾以雪樣的純真寫過
一首最最美的戀曲
不知為什麼像一串斷了線的項鍊
自夢境中一顆顆凋落
只有結尾那兩行卻完整的
珍藏在我的心底：
啊！妳青春的蓓蕾綻放了
為何羞於迎向我盛開

一九五二、七、八　於臺北

淡水河靜靜地流

像一條飄流於天際的玉帶
把所有的山都繫在這島上

或曰一支箭，穿過莽林與峽谷之隙
我說一幅畫，懸於霧嵐和雲影之間

偶爾它也會因國難而嗚咽
有時它也會為不平而怒吼

就這樣，把飛揚的浪花留給大地
就這樣，讓充沛的活力獻給蓬萊

一九五三、三、一二　於臺北

那所有的全都站了起來

當春醒的種子
吟唱著呢喃
那陰暗的覆蓋下之一切
哇！全都站了起來

所有的鳥全都張開了翅膀
所有的山全都舉起了手臂
所有的森林全都編成了綠色隊伍
所有的江河全都擂響了戰鼓
啊！那所有的全都站了起來
啊！那所有的全都在戰鬥著

一九五三、七、七　於臺北

今夜

想必是宇宙的奧秘
未關好，夜空
全都在椰子樹的影搖下
幻為一汪閃爍之閃爍的滾滾狂潮
於是我拉下窗帘
讓一切盡歸於闌珊處

一九五四、六、八　於臺北

電影街人潮

滾滾若江河
不知有
多少道支流向這裡
熙熙攘攘
奔騰著，而來

當霓虹燈光譜燃亮
所有凝眸窗口
台北這帶有多樣色彩的大都會
面對爆嘯人潮而
湧出萬紫千紅朵朵嬌

一九五四、一、二四　於臺北

相思雨

藍空的雲，隨風
飄向秦嶺外
使得銀河的星子更加喧鬧著
恍若一灣閃爍的
相思雨而滾滾如明珠
滴落成淚……

一九五五、三、二九　於臺北

孤寂

當窗外的風景從
凝眸中消逝
山濺起煙嵐把藍空
塗成了一片猶如雪擁荒原
萬徑人蹤滅的
那一種可怕的孤寂

一九五五、九、六　於臺北

午夜琴挑

夜已深沉，不知
從哪傳來的
琴聲？把我自夢中叫醒
啊這音符該是她在撥弄的那支戀曲喲
請不要停止而
為我繼續地彈奏吧

一九五五、一二、八　於臺北

畫家

僅憑他那枝擁有
靈性的筆與
瞬間所捕捉到的美感，就能勾勒出
　蒼勁而壯麗的
似幻而若真的
嫣然而跳躍的
　山水
　人物
　花鳥

一九五六、二、五　於臺北

天涯過客

來到這島上、我像是
一片飄浮著的雲
泊半山松徑感千古蒼涼
於風雨中不知
明日又將飄向何處
當空谷泉流響敲擊無告的生命
頓使我豪情
似隨煙波一俱去

一九五六、三、一二　於臺北

霧

不知從哪兒吹來的
一陣風？掀起
漫天迷濛若煙波的茫茫
瞬即淹沒了
那所有凝眸窗口

如果？以等值觀之
比朦朧的月色
還要濃重，但可觸及的
涵蓋的水份
無疑是靈秀潛能

一九五六、九、二六　於臺北

剪影紅塵外

誰把這繽紛種在
綠色海洋裡
纔綻放兩三枝就爆出了
朵朵嫣紅朵朵嬌

可是那在水之濱
有群白鷺鷥
竟被一隻追逐蚱蜢的青蛙
嚇得了驚慌而逃

一九五七、三、九　於臺北

窗形梯田

怎麼？有那麼多
窗形的格子
雕塑在山巔那圓周的斜坡上
遠遠望去，恍若是
一些聳入雲嵐，被剝開
橙黃的玉蜀黍

一九五七、四、六　於臺北

風弄花影搖

就是如斯自然
且不待捕捉便會在彼此
心靈的深處
盪漾出一片纏綿

當風弄花影搖
捲起一波波飄然的微醉
瞬即自唇邊
閃爍著繽紛蓓蕾

一九五七、五、六　於臺北

筆

我曾為苦難的中國
流過淚，而以
一隻挺拔若奇峰的手臂
在疆場上揮灑著
終於把那撇飛揚神采
幻為一面
迎向黎明的旗

一九五七、六、一〇　於臺北

樵子

想必是有人
在玩火
把丹楓燒成半天彩霞
於是，他擔起了
一肩夕陽，繫籐蔓拾階
而下走向那滿佈著荊棘的歸程
儘管一步一血印
也踩不平人世的坎坷

一九五八、七、八　於臺北

浪者

天有涯，鄉關何處是
水有潯，歸程卻無渡
然而我呀
卻仍是個浪者

而且我青春年華恍若
流星自夜空滴落成淚
但它並未
發出璀璨光芒

一九五八、九、一一　於臺北

泣血的紅蓮

柳岸濃蔭只剩下
些許的殘線
相對於那滿山楓火
正在以它的爛漫酩酊把落日
燒成一朵
泣著血的紅蓮

一九五八、一〇、八　於臺北

海與大都會

大海為留戀晨曦之美
而以萬頃龍鱗閃爍的浪濤
引來了成群的沙鷗
啄拾波光黃金碎片飆舞

但鋼筋水泥的森林裡
有許多對立的峭壁大峽谷
偶有幾隻野鴿飛來
也只是銀鈴一閃的飄浮

一九五九、三、一二　於臺北

柳岸三月

輕鎖著池塘
瀟灑多姿
蕩漾於春之翠堤的那
兩行垂柳正吐著絲

三月這充滿
詩情畫意
浪漫水湄足夠踏青者
對此以玩味、咀嚼

一九五九、三、二九　於臺北

讀景生情

午夜夢醒後聽窗外
蕭蕭風雨不停地在嘮叨著
好像是慈母的淚
紛紛自芭蕉葉尖滴落

當一面燦爛的國旗
沐浴著陽光而冉冉昇起時
我已經被激動得
在擁抱錦繡河山痛哭

一九五九、五、一二　於臺北

山中夜雨

秋已熬成苦澀的咖啡釀
山中的夜乃予人以蕭索的寂寞感
窗外有雨飄落
我曾試圖靜坐遐思

沒想到落山風自空而降
帶來了歐陽子秋聲賦的萬丈豪情
使得黑色莽林
掀起一片澎湃驚濤

一九五九、九、一〇　於臺北

期待

此時，雖已是午夜
過後，萬籟猶未靜

眠不得，索性把
觀景窗，打開吧

好讓銀漢的月光幻為瀚海
看它如何盪漾出璀璨星芒

於是我只想傾聽那隻
東籬的雄雞啼破春曉

一九六〇、二、九　於臺北

終於

為著逐夢揹起了
希驥的行囊
而悄悄的自大腦出發
經過了每一道
血管的河川之突破
終於昇起了一面黎明的旗
壯麗的在我
生命的青空飄揚

一九六〇、二、二二　於臺北

晚景

時已向晚，海港
有漁舟歸來
但在那漫漫長堤上
處處揚溢著羅曼蒂克情景
當廟院鐘聲
敲碎了落霞片片
瞬即掮亮
滿天璀璨星芒

一九六〇、五、一〇　於臺北

雕夢

窗外的那朵雲
不知為什麼
一展翅就跨越了
野渡灘頭
而我，卻把夢
擺在桌上，精心掘鑿
看西山外的
斜陽醉成了紅海
這時我才
邀月對飲高歌

一九六一、二、一二　於臺北

野狼

由於牠忍耐不住
午夜的寂寞
總想把那湧動於山巒
飄浮的雲
逐出黑色莽林
讓熹微逼星空打烊
好燃亮海上
那一盞大紅燈籠

一九六一、五、一五　於臺北

雪中英靈

遠古大雪中有位
遺世的詩人
驟然以一支熾烈的音符
燃亮一堆篝火

瞬即便喚醒他那被
凍僵的英靈
於是拔劍而歌頓使表白的
雪花醉臥莽野

一九六一、一〇、二七　於臺北

渾然歲月

時間，正稍稍地
從秋之午後江上飄過
飄過了那荒涼莽野
飄過了那吟唱著潺潺的澗溪
飄過了那孤懸於
這海上的一座島之國

啊！我瞭解了
凡可觸及
可撫摸的朦朧最美

一九六二、九、二　於臺北

此刻

一彎微笑的
上弦月
讓我從記憶中打撈起
童年流逝的夢

但此刻我不知
是在山中
抑或海上？可那片孤獨的雲
依然在天涯飄搖

一九六二、一〇、六　於臺北

我仍是一粒種子

站在雲端上
忽發現
野地裡那朵嫣然的
微笑，不就是曾經繽紛過的我嗎
在太陽底下
我仍是一粒種子

一九六三、三、一二　於臺北

原住民

用腳底板啃著岩石
讓臂膀攀緣於
叢林的枝椏之上，而且
以阿里山的歌聲燃亮斷崖峭壁光芒
就這樣，他們
為台灣這島國歷史
寫下了一頁
永垂不朽的詩章

一九六三、六、九　於臺北

以淚握別

雪連夜飄著未歇
我站在渡口
以僵冷的熾熱沉思
但於啓程前在與家人握別時
終讓彼此的淚水
匯為大江東去的狂潮

一九六四、一、二〇　於臺北

夢幻小品

作者珍藏版　卷之二

創作的時間　一九六四——一九八二

星星、月亮、太陽

夜已闌珊，但不知
為什麼還有那麼多螢火蟲
仍在銀河兩岸，閃爍

可是，雲海中那彎
翹翹的上弦月正划動碧波
沿著雲嶺航向西山外

就這樣，亙古以來
那朵恍若血蓮的大紅燈籠
總是自東方冉冉昇起

一九六四、六、一八　於臺北

自由談

有人總是熱衷看海
正如我有權看山一樣

白馬非馬，那只是
一種形而上的詮釋吧

任您怎麼說，只要
不違反邏輯，無不可

一九六五、四、三　於臺北

再版戀歌

記得在失約的
那個晚上
我卻把夢幻的潮聲
關進心海的柵欄裡聽迴瀾流轉
終於寫成了
一首再版的戀歌

一九六五、七、一六　於臺北

禪悟

當我站在日月潭畔
仰望玄奘古剎
頓覺不滅的靈光驀然從凝眸中
莊嚴而又肅穆的在閃爍著

這時只有察之以蒼冥
方能覺之以存在
像釋迦拈花，耶蘇在十字架上祈禱
就是要讓愛燃亮黑暗那盞燈

一九六六、三、一七　於臺灣日月潭

一個駝背的老人

每天他總是
低著頭
駝著背帶著濃重的心事
跌跌撞撞
從這巷子掠過

依稀中他似乎在
提著一壺酒
踏一路殘陽如落棄的碎片
踽踽留影於此
怎能不令人唏噓呢

一九六六、一〇、六　於臺北

戀情窗口

昨夜失落於蓮塘的夢
依然在水湄閃爍
天邊那披著雲紗的星星
卻扮演著戀人
作為傳達眼神的窗口
但每當微風撥開飛花的蓮瓣
就好像在潑灑
朦朧的煙雨之投影

一九六七、六、二八　於臺北

江濤

秋雨盈窗，而你
自天河中吟唱著而來
之後再經由
喜馬拉雅山的頂峰
凌空彈跳而降
洶洶然破三峽之險東流入海
一條好長好長的
玉帶，懸於天際飄流

一九六七、七、八　於臺北

大地浮雕

晌午過後，藍空
有雲的羊群
自那青青草原上向西移動
緩緩地漫步以悠悠

驀然，一對鷺鷥
自天外而來
使一些蹲在荷錢上的青蛙
被嚇得向水底亂竄

一九六八、九、二二　於臺北

冬天到了

當一棵樹凋落了
所有的葉子
最好把空出來的手臂
留在枝頭
組成搖滾樂隊
為冬天寫下呼啦啦的光譜
但也要點亮
南窗外那朵紅梅

一九六八、一二、八　於臺北

蟬之嘶嘶

以嘶嘶為圖騰的
夏目之華表
像是道潺潺的溪流
整日在林蔭中以高分貝的
協奏曲旋律吟唱
林花謝了的春紅之後
而寫下這一年
最亮麗的一個景點

一九六九、六、九　於臺北

迷樣的秀髮

祇因這偶然的相遇
最先以閃爍的
光束闖入了我眼簾的
就是她那頭滾動如波的涓絲瀑布
剎那就淹沒了
場邊所有亮麗風采

一九六九、八、一二　於臺北

秋之午後

蔓草荒煙以如霧的
迷濛模糊了天涯遊子還鄉路
可秋之神卻帶著
枝頭的落葉到處飄搖

之後　當一陣海風
捲起千堆雪，但不知為什麼
使得天邊那窩雲
揮揮手瞬即隱入層巒

一九六九、九、二五　於臺北

書房飾物

就這樣淡淡
一塗抹
大片粉牆便被區隔為各種
藝術造形的板塊

最搶眼的就是那隻
長頸鹿檯燈被我壓得低低的
好讓牠模仿
胡適大師的沉思

一九七〇、三、二二　於臺北

三月天

一汪翠綠和幾朵
血染的芙蓉
便把這三月天塗成一幅
五彩繽紛世界
誰知就在這時有位
寫生的藝術家順手將兩隻翻風的
紫燕剪貼於柳岸
數點蛙鼓播種於蓮塘而
逗得聯翩彩蝶
紛紛鬧上驚艷枝頭

一九七一、三、二七　於臺北

雲的戀情

那朵種夢於玉山
額角上的雲
總想將某些屬於明日的悵惘
埋葬在青青草原裡

於是乃把搏起的
金波塗抹在
天邊那座虹橋繽紛的扶手上
等待著潑灑夕陽紅

一九七一、三、二二　於臺北

冷澀之美

噴水池的泉聲敲落了
滿天凋零的飛花雨
夜空的雲展出一長卷飄浮潑墨
淒白月色如水
卻予人以冷澀之美

當我穿過了那青青的
草原上，穿過了
那灑著絲絲星火的濃蔭之柳岸
傾聽蟬聲漸歇
萬籟盡歸於蘭珊處

一九七一、五、一六　於臺北

死亡的定律

死亡是老天爺
頒佈的一項自然法
不管您是誰
都不能享有例外
這既是平等的一種象徵
且亦為人世
最公正的經典

一九七二、六、九　於臺北

星火風霞

在昨夜的夢中，有很多
自銀河飛出的星星
拖著亮麗的尾巴相互追逐
把濺起的浪花幻為一海若金礫的螢火
且以飄然的神韻搖曳在
青青草原上，讓湧動的風霞
紛紛從雲端投下
如落葉似的流空雁影……

一九七二、一二、一九　於臺北

類推法

昨夜我在沉思中
忽發現瓶花
隨著時光流逝而枯萎
乃使我立刻領悟到人生的凋謝
不就是這模式
漸次抽離的過程嗎

一九七二、一二、一九　於臺北

勿須問

勿須問日落幾株樹
或夜色幾重深
只有把那死亡的昨日
徹底丟進歷史灰燼的山洞裡
然後再以詩
燃亮黎明那盞燈

一九七三、二、九　於臺北

紫蘿蘭

從一汪綠色的
大海洋裡
看您自葉隙間爬上枝頭
翩翩如彩蝶飛舞

尤其您那幅
紅紫黃赤迷人的嬌艷
正蕩漾出
愛與美的浮雕

一九七三、四、一七　於臺北

天涯漂泊

為減少幾分孤獨
抓一把泥土裝入行囊
離愁自會消逝
如今我已越過海洋
期待從天涯以一朵雲的浪花之
陽春白雪而
雕琢另一個自我

一九七二、八、一七　於臺北

星之淚

它披一身雲紗
在閃爍著
且以藍色詭異的眼神
為尋找忘川之水洗滌一些污垢
然後再從天際
那閃爍的銀漢滴落

一九七四、三、一七　於臺北

霓虹燈影

夜慢慢地暗了下來
各種霓虹燈影
紛紛閃爍在林蔭間那
茂密髮叢裡
然後並經由風的
翺翔翅膀搖曳到天之外
好讓它能
駐足雲端觀潮

一九七四、六、一八　於臺北

揮灑

墨水一定要從
筆的肚子裡流出來
塗抹在紙上
方能幻為一幅畫

滿腔熱血必須
為爭取民族生存聖戰
揮灑在疆場
才能寫成了不朽

一九七四、一〇、六　於臺北

朝陽

好像是一朵
植根海上的血蓮
恆古以來
總是在夢醒時
看到它自宇宙的東方
雲層的二樓
那迷濛之迷濛的
背後昇起

一九七五、五、一六　於臺北

焦點

當銀河圖騰
失去了繽紛光彩
它卻依然
在那裡流連著
孤獨的飄成一座晶瑩冰島
但就是不讓
最後那滴淚模糊
原有焦點

一九七五、五、二六　於臺北

漩流

萬丈紅塵滾滾
誰能掙脫
那一抹彩虹的誘惑
多少聰敏的愚蠢卻一頭栽進
那閃爍著詭異
與醜陋之美的漩流裡

一九七五、一〇、九　於臺北

夢幻河畔

美景須捕捉
別把眉頭深鎖
年華易逝
匆匆歲月莫蹉跎
這兒的紫色藤蘿花又在開放著
兩岸依依垂柳
仍在籠罩著這小河
但今之夜卻
只留下一片寂寞

一九七六、六、一八　於臺北

拾穗

直上青雲，啊啊
一座挺拔如椽筆的奇峰
在為縹緲太虛
勾勒一幅蒼勁山水

但，不知為什麼
最近總是在飄搖著風雨
使得天涯遊子
獨坐窗前默默沉思

一九七六、八、一八　於新加坡

聯想

當黃昏有約
我漫步於海之濱
看關山月
蔚為故國歸舟
但在我回到大都會面對
那霓虹燈影
使我聯想得更多

一九七六、九、六　於臺北

挑戰

假若自由乃人生
享有的磁場
理想應是生命源頭的噴泉
於是，我只有
挺起胸膛，去接受
風雨的挑戰

一九七六、九、一二　於臺北

柳蔭

像是濛濛煙雨
把那灣潺潺小河
密密封鎖著
而且以絲絲綠色的彩帶
用來展示風過
情萬種的濃蔭纏綿

一九七七、三、二五

蓮塘夢境

如斯盛夏景點
好像是一首詩
澹泊
寧靜
搖曳在雨後的蓮塘裡
而且整日擎著
蔥翠欲滴的遮陽傘
釀成一池綠意深濃醉人的酒
乃構成一片
朦朧之美的渾然

一九七七、五、一八　於臺北

臘梅開了

用冷擁抱著自己
擁抱著風霜
終於以天下第一枝昂然的姿態
出現在一片銀色世界裡

但此時，當金絲雀
啄開點點嫣紅
而在向陽的那一扇窗口外
展示出一幅驚豔花鳥

一九七七、一二、八　於臺北

我是一片雲

走過近半個世紀
風雨的歲月
我依然是飄浮於茫茫蒼宇一片雲
只因缺少一把
植根泥土而在天之涯
徘徊？……
踟躕？……

一九七八、九、一〇　於臺北

秋之句點

九月的黃昏如醉
染紅滿山那浮雕的丹楓
在蝶影中
其聲總是蕭蕭

或許，這就是
秋之句點吧
不知能否以其蒼涼殘燼
為我滌去胸中塵埃

一九七八、九、一六　於臺北

可怕的驚濤

當暮靄一口吞下
黃昏的大地
茫茫蒼宇被覆蓋在一片
黑色的世界裡
海上沒有漁火，夜空
也見不到一絲星芒；只有自遠方
傳來的滾動聲
爆出最可怕的驚濤

一九七八、一〇、一七　於日本

蒼鷹

種夢於雲海
狩獵在群巒之間
兩顆凝眸
炯炯如雷射的光子
凡視野之所及就連跳躍的
痲雀都在牠
以騰空盤旋招術
監控之下

一九七九、三、八　於臺北

太殘酷了

在人世間光陰是
無形的殺手
這法則太殘酷了吧
但不知為什麼老天爺如此堅持
就是不讓自然界
多一點愛的火花

一九七九、五、一二　於臺北

醒醒吧

科學家老早就
提出警訊
說大氣臭氧層已被紅塵的
垃圾燒了個
像天窗的大窟窿

難道人類真的
麻木了嗎
真的只為了一己之私貪婪
忘掉末日就
在那燈火闌珊處

一九七九、七、一八　於臺北

山海情緣

山和海相依為命
巍峨與浩瀚
是天賜的仁智之經典
世界上不知有多少畫家在畫山
多少詩人在吟海
而我卻在這山海之間
為著築夢
來回追逐日影

一九八〇、三、二九　於臺北

風城之夜

黃昏過後，窗外
有如霧的塵沙
從雲海紛紛飄落而淅瀝的敲擊著
簷前的石階鏗鏘成曲

夜，在風中旋轉
波神則捲起
排空的巨浪狂濤卻嚇得滿城燈火
恍若在銀漢載浮載沉

一九八〇、九、九　於臺北

飄搖的無奈

藉著風與線的操作
讓這幅彩繪的浮雕翱翔碧落
而扮演一個
太空漫步的角色

可是每欲展翅遠颺
卻不知怎樣去掙脫那條死結
只有以無奈
受制於牽引飄搖

一九八一、三、九　於臺北

模糊世界

台北的天空總是
瀰漫著那如霧的迷濛
茫茫地淹沒了
每一扇凝眸的窗口
於是，乃把這
島之國塗成了一個
模糊的世界
在濁浪的橫流裡
　掙札……
　徘徊……

一九八一、七、一三　於臺北

創作的藝術

想雕琢一首好詩
就要捕捉到
那瞬間即逝的一些
動態畫面之微妙閃爍靈感
才能有所著墨
而吟成鏗鏘經典

一九八一、一二、六　於臺北

異類

蓄一臉
瀑布般的大鬍子
滾滾若江流
自雪融的季節之懸崖沛然
而下，聽天之外那
　風蕭蕭兮
　雨蕭蕭兮

一九八二、二、一五　於臺北

雅癖者

在騷壇中我只是
一個雅癖者
經常以靜的恆動飄然奔馳於
形而上的天空
為探索詩美學入痴

甚至更幻想攀登
那一望無際
跌宕著滾動如浪波的大草原
隨風盪漾好與
銀漢的眾星族飆舞

一九八二、五、二二　於臺北

夢幻小品

作者珍藏版　卷之三

創作的時間　一九八二—一九九六

醉

從一汪檸檬黃的
月色恍動中
驀然醉成閃爍的朦朧魅影
在捕捉午夜星空螢火

倘能留一半清醒
與夢幻共舞
而擁抱著風雲際會那一瞬
真的是有些飄飄然呢

一九八二、七、一二　於臺北

為什麼

為什麼這世界
如是殘酷
當我每次自夢中漂泊一夜歸來
便會問幻滅了的
昨日，可曾為我留下
幾滴泡沫？……

一九八三、五、八　於臺北

午后的我

霧，茫茫地自窗外湧動
很快就吃掉前方一大片色彩
使凝眸再也
看不到那塊平原

之後，當晚來的風為我
翻開了昨日還沒讀完的那本
黑格爾哲學
把鬱悶化作美感

一九八三、五、二五　於臺北

雲與畫與詩

一個浪蕩之子
曾是錢塘江上有名的山水畫家
其風流倜儻
唐演亦膛乎其後

但為忌妒李白
而把太湖那罐佳釀層層覆蓋著
相對化解了
南唐后主的鄉思

一九八三、七、二一　於臺北

煙雨垂楊

像濛濛煙雨
封鎖了春醒的小河
從漫漫長堤上
埋首撿水之涯的寂寞
不管晨霧凝重抑或落日惆悵
都牽引著那一片
淡淡輕愁而把揉碎的
夕陽幻為彩霞

一九八四、五、二二　於臺北

夢境陽光疊影

面對著流逝了的
黃金歲月
把歸程描述為
兑不了現的浪漫遐想
而夢卻成了
炫麗陽光的疊影

一九八四、六、一二　於臺北

春醒

想必寒氣太凝重
才激起驚濤
在歷史的長河裡吶喊
但首先在點火的
是南窗外那
風骨枝頭第一朵奇華
當大地的一聲雷
震撼了雲嶺
雨以滂沱潑灑著金波

一九八五、三、一二　於臺北

貓鼻頭傳奇

在南台灣的尾端
亂石崩雲的驚濤裂岸中
一頭口渴如焚
自尖山莽林間跑下的
大黑貓，偷偷地乘星夜無人
蹲在巴士海峽喝水
誰知這一蹲就是三千年
再也未曾離去

一九八五、三、二九　於臺北

人體彩繪藝術

這禁忌，老早就
被解放了呀
何以至今仍有人以那麼一點點
不太自然
訝異眼神窺伺
可是唯美主義的
藝術家正在
秉筆構思？試圖把那赤裸裸的
嬌柔肉體
塗成亮麗風采

一九八五、六、一七　於臺北

飄然的微醺

像潑灑琴韻的手
在我雅癖的
心弦上撥弄著，且以月的光譜
而盪漾出兩袖清風

但當情之所由起
境之所自出
惟有那恬澹之美飄飄然的微醺
才是我夢幻的版圖

一九八五、一〇、二五　於臺北

秋思

秋之雨後的雲濤
帶著山巒到處漂泊流浪
峽谷的風則以
潮聲伴隨漁人高歌

可那位天涯遊子
把他的鄉思淚匯為大海
期盼能孕育出
一首風雲際會的詩

一九八六、四、一七　於臺北

紅檜爺爺

大家全都喊我
紅檜爺爺
也許因為我已年逾
兩千歲，是巨木群的第一號
但我的身體
不是挺硬朗的嗎

一九八六、七、二〇　於臺灣觀霧

鳥之啾啾

只要一深入叢林
便可以聽到
吐一口米酒，啾、啾、啾……
這音符，竟也
成為台灣觀霧一項
觀光景點

一九八六、八、二〇　於臺灣觀霧

活化石

它的名字叫雲葉
終年蕩漾在
迷濛迷濛的藍空裡
是地球上惟一以管胞延續
其生命的
那另類的傳奇

一九八六、八、二〇　於臺灣觀霧

會咬人的小花貓

到觀霧旅遊
千萬別拈花惹草
因為在那山邊
所有蔥籠的滴翠處全都
隱藏著會
咬人的小花貓

一九八六、八、二〇　於臺灣觀霧

萍之族

隨風暢寄
依水而棲
悠哉悠哉而笑逐於
那滾滾紅塵外
累了就找個避風港住下
惟一的惡兆
就是已陷入
進退維谷的泥淖

一九八七、五、九　於臺灣澄清湖畔

掘夢

從藍空的高原上
看芒草坡盪漾著雪花茫茫
但不知為什麼
滿山盡是沙鷗翅膀

相對我這個浪者
希望能自天之涯那條坎坷
崎嶇的荒徑上
掘鑿出夢幻的鏗鏘

一九八七、九、一二　於新加坡

蝶翼上的淚點

儘管回憶的窗口
依然在盪漾
可植物園蓮塘不再美
但每當翠綠的
煙波隨著晨曦閃爍
朦朧的花雨幻為蝶翼的淚點
風立刻就會
掀起跌宕的潮聲

一九八七、九、二八　於臺北

武嶺絲路

當微雨過後
我帶著日月潭的曙光
自霧社攀岩而上
橫跨中央山脈三千公尺
之武嶺高峰
鳥瞰雲樹疊影而
蔚為一條
朦朧閃爍絲路

一九八八、七、二　於臺灣武嶺

大雪山的黎明

晨曦以紅絲帶
潑灑金粉
巉巖古柏從雲堆裡
抖落枝頭積雪
玩皮的風到處在騷動
掀起了滿山坳的蟬聲如潮湧
煮沸大雪山
那微醺著的黎明

一九八八、八、二　於臺灣大雪山

太魯閣九曲蟠龍

越天祥臨空而降
直入眼底的
就是那觀光景點之九曲蟠龍
而燕子口萬丈懸崖
與雄渾孤絕只是這畫中
烘托的渲染背影

一九八八、七、三　於台灣太魯閣

錢塘觀潮記

啊！還沒有來得及
調整視野角度
忽又自天之外掀起了
另一波狂瀾
在扮演亂石穿空
隨風翻騰交錯而把那
一長串滾動的
浪濤攪成雪花飛茫

一九八八、八、二三　於浙江錢塘

倘若

一首詩揮灑出
一幅山水
一隻鳥飛成了一艘穿空的飄蓬
一朵浪花捲起了一束芒草

倘若當您的凝眸
能搶先一步
捕捉到此一訊息的音波奧密
不就是現代的孔明嗎

一九八八、一二、九　於臺北

歷史的版圖

猛一轉身
便把韶光跌碎在
滾滾煙塵裡
如今要在這美麗的
孤島上縱情於澄藍的碧落
看風雲怎樣
讓這葉飄搖著的
歷史版圖
踏向微兩歸程

一九八九、一、六　於臺北

茵夢湖之戀

種植於湖上的夢
已隨風而逝
使得這裡的夜不再那麼美
咖啡釀不再那麼香醇

但這時我忽然
放飛凝眸從星空鑿一方
回憶的窗口
讓憧憬摺疊珍藏

一九八九、一二、九　於臺北

頑石

以天生的硬骨頭
蟄伏於岩穴
修得冥頑的嘯傲而
闖蕩於江湖道
那些自以為可使我點頭的
無非是寫在
他們嘴上的一句
術語而已

一九九〇、二、五　於臺北

放逐

那翻騰的浪花
是飄搖於藍空的雲
因無處駐足
而被放逐在風裡

於是它一揮灑
便交錯成不確定性
連串的夢幻
流浪到天之邊陲

一九九〇、三、九　於臺北

美國的唐人街

美國之旅，別忘了
紐約的唐人街
因為那港埠是專為停泊
漢民族而打造的
他們來此拓荒，只以
勤與儉二字之密訣，瞬即幻為
不需要泥土
便能生根的寒梅

一九九〇、一〇、六　於美國紐約

異國楓紅

從遠天的影搖處
轟然的楓火
正在美利堅莽野燃燒著
當我駐足於斯
但見她輕輕一揮灑
使得滿山彩蝶全都聯翩飛舞
誰知一眨眼卻被
寫成了花非花火非火
蝶亦非蝶
剎那留下永恆

一九九〇、一〇、九　於美國馬里蘭州

陽明山賞花

櫻花以蕊芒點火
燃燒著陽明山三月情懷
從枝頭春意鬧
看奇之華迎賓爭寵

當意興漸次闌珊
夕陽自西山塗一層釉彩
讓所有賞花人
只抓一把炫麗歸來

一九九一、三、二　於臺北

秀姑巒溪泛舟

從兩岸青山拱抱的
一座長虹橋下
洶洶的溪流向大海奔騰著
試圖導引全天下
弄潮人都能來此分享
這翻滾刺激
與驚恐的快感

一九九一、七、八　於臺灣花蓮

孤憤星淚

像一襲神出鬼沒的陰影
在阿里山雲海湧動
偶爾展翅飛颺掀起漫天霧塞
讓人有被吞沒的驚恐

然而只有那顆孤憤星淚
為祛除這島的魔難
卻不惜粉身碎骨也要貢獻出
它最後一滴不朽殘芒

一九九二、二、二六　於臺灣阿里山

早餐珍品

像一群扁舟
正停泊在那
群峰環繞
與平靜無波的湖面上
哇！艘艘都
滿載著黃金白玉

一九九二、三、一二　於臺北

島國之秋

風，從海上嘶吼著
森林像一群怪獸在聳動
雨，在窗外傾瀉著
黑夜若一頭死貓的謎團
我，向天涯流浪著
臺灣便成了那一葉飄蓬

一九九二、九、一六　於臺北

火之光華

現實社會的冷酷
幾已到了如入夢魘的可怖
上帝何不燃亮
這冬天裡的一把火

不管星火，螢火
或漁火，還有廟堂的香火
那都是在肯定
明天的生命之光華

一九九二、一〇、八　於臺北

咖啡的品嘗

皺起眉頭啜一口
文明的刺激
品嘗著這帶有那麼一點點
甜與苦的醇醪
不也是一種享受嗎

於是，我抿著嘴
一飲而盡時
忽見那已被塵封了的靈感
自迷離的光波中
在扮演彩蝶的翩躚

一九九三、二、一九　於臺北

光之源探索

是外太空灑下的
流星之淚滴
抑或盤古釋出的視網膜
混沌中忽傳來那
一聲大爆炸
啊！光之源的按鈕開啦
悄悄地突破亙古
最後的霧障
乃燃亮第一朵愛的火花

一九九三、五、一二　於臺北

螢火蟲

夏夜的染缸裡
有一群玩火的蟲兒
怕夢會窒息
只好燃向紅塵外

接著有雲湧起
移來一簾潑墨花影
瞬即淹沒了
牠那抹隱約殘芒

一九九三、六、二四　於臺北

城市山林

蘇州這一小塊
從天上掉下的樂土
誰來此欣賞
都會發現它把移植的
山林典藏在那城市的隱密處
其間，最具有
代表性的是拙政園
乃為漢文化
留下了曠世風采

一九九四、三、一二　於中國蘇州

秋深了

去年我親手栽的
那棵相思樹
她為了瘦身卻把成群的
碎葉蝶丟進斜陽裡

這時有一隻寒鴉
忽泊足於此
問半山坡白了頭的蘆葦
為什麼還沾沾自喜

一九九四、九、二二　於臺灣內湖

晝與夜

白日從東海之陽
到西山之陰
成功的劃出條拋物線
一個俯衝
濺起了夕陽紅

可是，詭異的夜
卻令人驚恐
尤其在繁華的陰黯處
那幢幢的
鬼影正在蠢動

一九九五、二、二四　於臺北

電子報

這是項新潮的
雲端舉措
在暗示人生莫再蹉跎
趕快打開網路吧！它已經為著
您和我準備了
推敲詩藝的咖啡座

一九九五、三、二　於臺北

海的變臉秀

浪花不斷為大海
堆砌著笑靨
但不知為什麼一轉身
卻爆成了狂潮

就在這波光閃爍
與跌宕之間
突又被聳動的落山風
捲起滾滾煙塵

一九九五、六、二六　於臺北

秋郊

秋江上的雲
已釀成夢中霞彩
山間楓火
燃燒美麗情愁

那浪蕩的風
自叢林呼嘯而出
帶著落葉
試圖埋葬紅塵

一九九五、八、二九　於臺北

三登阿里山

啊我終於看見
那朵血蓮
紅通通地
從一片驚呼聲中
綻放在
白雲翅膀上

一九九六、三、二七　於臺灣阿里山

捉弄者

人生都是以負的
函數從痛苦的試練中
來燃燒自己
尤其那雅癖的孤絕
以及詩藝文印象派的夢幻
還有癡狂與迷思
無不是命運的捉弄者

一九九六、六、一八　於臺北

寓言

還記得這個寓言嗎
那蝙蝠與鳥獸對抗賽中
一回說自己是鳥
但一回又說自己是獸
當鳥獸言和以騙子被逐出日光外
想想看這故事
今天是否仍在上演

一九九六、六、一九　於臺北

筆觸

為著正義每讓
我的筆觸
揮灑出真理的血與淚
之後且以個別紀錄的形式好為
歷史寫下了
一首首見證風騷

一九九六、八、一八　於臺北

夢幻小品

作者珍藏版　卷之四

創作的時間　一九九六—二〇一二

二二八事件

二二八，這被
蒙上一層
陰影的悲情傷口
為什麼經過
半個世紀還在喊痛
使得那座遭人敲掉銘文的紀念碑
終朝擁抱著一份
迷惘，在夕陽下沉思？……

一九九六、一〇、一九　於臺北

最清醒的人

有夢最美，但在
抓狂前必須
回過頭來看一看昨日
做了些什麼？一個有智慧而且
能解析夢的人
他才是最清醒的人

一九九七、六、九　於臺北

妹現象

真的是有夠衰
五千年來
一種隱然的價值觀
都被比基尼那物化了的妹現象
以浪漫之裸
攪亂了一江春水

一九九七、八、二八　於臺北

晨起的鳥

晨起的鳥正以
高吭歌聲
在啄拾林蔭間星芒殘片
誰知一展翅
卻又飛成藍空中
系列浮雕

一九九七、九、六　於臺北陽明山

晚雲

像是群鷺鷥
掠過懸崖
然後從草原上捲起
一片海的浪花
讓牧羊人的凝眸為之錯亂
隨著落日而
緩緩地瞬即駛進
山的港灣

一九九七、一一、二　於臺北

禪堂

夜以雪的月光
鋪陳大地
使紅塵外怕冷的隱者
只好燃燒松針與
星芒取暖，藉著那樹的
影子，把自己
此刻所存在的幽谷
視作禪堂

一九九七、一一、一八　於臺北

落葉

哇！真的好爽
而且，可以自由自在
去看大都會
妖魔紅塵的跌蕩
之後，當大夥兒被秋風拍賣
發現人間骯髒
難忍，再也飛不上
昔日枝頭

一九九七、一二、九　於臺北

夜月尋夢

由於您有著
靜的恆動
對銀漢產生了戀情
因而放舟雲海
穿過那灣未曾著過色的
一大片林影
悠悠地駛向另一
故鄉尋夢

一九九七、一二、一〇　於臺北

詩的經典

詩需要一種美感
如能以特殊
融匯於那動人的意象
自會構成
夢幻經典化作
永恆

一九九八、五、一六　於臺北

神舟

當風過山搖動
啊天之外
那隻躲在雲堆的
玉兔，只喝了口蓬萊茶
便幻為一艘
飄忽的神舟

一九九八、一二、二五　於臺北

雪

雪在這島上
恍若一篇虛擬的
夢幻詩話
但當它飄落在合歡山上
瞬間便化作
絹絲瀑布飛揚

一九九九、二、五　於臺北

千禧年

一九九九這一個
著了魔的數字
使得昨日那波滾動在
雲端的浪濤如何邁向新世紀
搏起新思潮
而在百家爭鳴中
看誰能
獨領風騷

一九九九、六、五　於臺北

植物園蓮塘

今夜，蓮塘裡的
擎雨蓋沒了
可是它卻讓那彎上弦月
帶著星星
在水底的天空
玩火

一九九九、九、一二　於臺北

澎湖水族館

未曾嘗試過潛水
可我昨日卻
漫步於海底看魚躍澎湖
那真的是太豪爽了

然而為探索海景
我便從一條
曲折的迴廊裡頭頂著海
一時蔚為曠世奇觀

二〇〇〇、五、二二　於澎湖

鞭刑

暴風雨之前
雷公之怒
於是它以鞭刑
而把雲嶺迅即抽打得
像一串
滴血的烙痕

二〇〇〇、七、八　於臺北

鐵漢

怎麼收斂，他
仍是一條鐵打的漢子
請看一看他那
兩個手掌不正是用
鎢鋼鑄造出來的兩把斧鉞嗎
只要一揮動
便可劈開一座山

二〇〇一、二、一九　於臺北

靜的悸動

當心靈的漣漪
笑而不語
悄悄地伴著黃昏醉成了
朦朧的月色
啊好一杯玉液的
瓊漿呀

二〇〇一、五、二六　於臺北

情人節

無非想多些浪漫
那麼就讓她
醉吧！就讓她醉成沸騰的吻
炫麗的笑，啊
這不就是甜與美的
剎那永恆嗎

二〇〇二、七、七　於臺北

戀歌

您，該不會忘記
有次當我們
在海邊散步不慎失足落水
逗得浪花哄堂大笑

於是，就把這份
珍貴的密錄
好好收藏在璀璨的心海而
讓它化作一首戀歌

二〇〇二、一一、一九　於臺北

即興三則

星海浮沉
讓世人
看得眼花撩亂

遍地烽火
把藍天
燒成一片灰濛

沙漠茫昧
令孤島
只好凌空飛颺

二〇〇三、五、八　於臺北

不同主題

當燕子與春天有約
牠便以吟唱著呢喃

山坳在蒸煮氤氳
海疆在播送煙嵐

雨為呼應懸崖流泉潑灑
風為紀錄歲月點滴揮毫

假若我是一隻鳥就該
啄開南窗外那朵紅梅

二〇〇三、八、一二　於臺北

鳥與櫻花爭寵

晨醒的枝頭
鳥在飛翔
面對著那噴灑璨光的朝暾
把藍空當作歌榭舞檯

午后的山邊
櫻在玩火
從陽明山燒到觀霧林蔭外
恍若一幅騰空的水彩

二〇〇四、四、九　於臺北

黃昏過後

當黃昏過後
浪在掀波
使得天光雲影發出了
閃爍而匯為
一條歷史的長河
但夜半窗前
月在吟詩
誰知竟將她那淡淡的
微笑雕成了
一片濃濃的情愁

二〇〇四、五、一二　於臺北

風的語言

當我每次來臨時
她總是透過
雲的飄逸發出詩語言
雕塑美的意象

但由於她的跌宕
捲起了浪花
把湖上那微妙的景色
說得惟妙惟肖

二〇〇四、一〇、二　於臺北

彩虹

那一朵湧動於
水底的雲
藉著碧空的嵐影
就寫成了一首浪漫的詩
當微雨過後
卻幻為一抹彩虹

二〇〇四、一〇、三　於臺北

微笑

好像是一朵含苞
待放的玫瑰
閃爍在那受之以溫馨
相對的眼神裡

倘能勾勒出一抹
審美的曲線
柳岸兩旁所有的陰影
都會隨風而逝

二〇〇五、三、一二　於臺北

期盼

覽勝於夢境的我
只期盼從那片
閃爍著的光波中尋找些
發酵元素釀造一壺香醇的葡萄酒
好與李白相約在
今夜的月下隔海對飲

二〇〇五、五、二一　於臺北

誰

是誰把那輪
天邊月
雕琢得那麼圓
是誰把那朵
山巔雲
滌蕩得那麼白
是誰把那束
星空雨
潑灑得那麼亮

二〇〇五、一一、二　於臺北

悟

沉睡了二十年的夢
終於在一扇窗的玻璃上
經由晨曦跌宕的
幾滴鳥聲而把我點醒

就此將黎明的光譜
種在藝術海洋的洪流裡
好讓現代詩捲起
另一波超世紀的狂瀾

二〇〇六、三、三　於臺北

品茗

我才喝了一杯
東籬菊花茶
就聽到西風在窗外不停的嘮叨
問我與陶潛在聊了什麼

就因為這一問
便使得寂寞
而遼闊的夜空立刻飄起了一道
白髮三千丈的滾滾江流

二〇〇六、九、九　於臺北

揭密者

只要他一眨眼
便可穿透
任何隱密層的一堵墻
即令鎖在心底照樣會把他那骯髒
爆出來成為
國際媒體的新聞

二〇〇七、三、二　於臺北

人在做天在看

好像是一道法的
光譜在掃蕩
叢林間的鬼鬼祟祟
使得那一小撮
吃相難看的嘴臉全都被
上天歸納為
人世的有毒垃圾

二〇〇七、三、一六　於臺北

各說各話

藍說不獨
綠說不統
而人民
說不武
未來？就讓
時間去說吧

二〇〇七、九、三〇　於臺北

同一觀點

一窩雲，建構
一座山，在藍空漫步
一隻鳥，飆成
一面旗，為黎明飄揚
一顆星，濺起
一滴淚，從銀漢跌落
一段情，雕琢
一首詩，讓回憶吟哦

二〇〇七、九、三〇　於臺北

聽與看

我經常以抽象性的
思緒捕捉靈感
聽繆斯在講述一些屬於
希臘神話的故事

之後，當我看見
銀漢在閃爍
白令海峽的風掠過髮的叢林
而爆出滿山雪花茫茫

二〇〇八、二、六　於臺北

釀造的意象

由於，在逐夢中
有了些微醺
而以山海、藍空以及那
雲和樹，作為
藝術欣賞，閱讀或
探索；啊！還可以透過一種
釀造的意象
讓心弦默默吟哦

二〇〇九、六、五　於臺北

萬籟嘶吼

昨夜我凝視著碧虛
微笑的上弦月
試圖從銀漢之美找回繆斯的
那把鑰匙，好打開
被塗得霧煞煞的那扇窗
聽萬籟的嘶吼聲
鏗鏗、鏘鏘一波接著一波
如亂石穿空，驚濤拍岸，捲起千堆雪
讓念奴嬌揮灑星海
看蘇軾於此而引吭高歌

二〇〇九、七、二　於臺北

晚景

以形而上的哲思
與形而下的
彩虹在窗外閃爍著黃昏之美
讓西山瞬即醉臥夕陽紅

可祈禱的晚鐘在
與星星對話
而我卻悄悄地凝視海天逐夢
竟幻為太平洋上一朵雲

二〇一〇、一〇、一六　於臺北

雲和樹

昨夜又見到
那朵雲
自水湄飄然而來
我，仍舊是
那棵樹
相約並肩被移植
大湖拱橋上
那風采
只有讓追憶珍藏

二〇一〇、三、一　於臺北

迎春吶喊

假若？你想以
搖滾迎春
那就到臺灣尾的
墾丁面對著
巴士海峽去吶喊吧
聽：那道穿空的驚濤就是
以詩語言
跌宕嘯傲鏗鏘

二〇一〇、三、二九　於臺北

賞花

如果？我想以
時尚自持
就隨著踏青的人潮
暢遊陽明花海吧！看，那鷲艷的
山櫻花搶先
在雨中噴火引來
翩躚彩蝶
紛紛鬧上枝頭

二〇一〇、五、二九　於臺北

飆與夯

飆創意
秀奇招
一個怪誕攪亂了
一江春水

夯詩藝
呼乾啦
兩手一攤捲起了
兩袖清風

二〇一〇、一〇、一六　於臺北

溪流

別小看那來自
峽谷之隙
一些若淚的點滴
只要能發出潺潺像風笛的
音符，它就是
捲起千堆雪的源頭

二〇一一、三、二一　於臺北

台北的早晨

夜雖已從窗前流逝
但灰朦卻依舊
留在雲層的東方噴灑茫茫
使得晨曦的光譜
不停的在閃爍著而把
那道悠然淡水
瞬即繪成了多惱河

二〇一一、六、二　於臺北

隨興

夢中的我猶如
飄泊的雲
雨已歇矣胡不歸去兮
窗前那浪漫的風
就讓她留在西廂外吧
可現代的年輕人
為酷於時尚
一天到晚總是鑽在雲端裡
渾然忘我而彳亍徜徉

二〇一一、九、一〇　於臺北

雁南飛

中秋過後，自塞外
那冰封的北國
越長城凌空悠然而來
南止於衡陽
作客至春二三月
在洞庭湖那片靜的恒動中
逕由自然
而渡過了冬眠

二〇一一、九、一二　於臺北

人真的能勝天嗎

當你看到土石流
瞬間淹沒了整個村落
你有沒有想過
人類真的能勝天嗎
僅憑著那微不足道的科技
使得老天爺
捧腹都感到不屑

二〇一一、一〇、二一　於臺北

接力賽

當玉兔日曆版塊
只剩下最後
一個句點，獻瑞的祥龍
瞬即自雲端凌空接踵而來，且以
數位化撥開了
它那 Happy New Year

二〇一二、一、二二　於臺北

附錄：丁穎方家《讀野農詩之錄》

——談《詩的晦澀與明朗》

詩為中國文學之首，在沒有其他文學之前，甚或沒有文字之前就有詩了。之後，像是「立我蒸民、莫匪爾極，不識不知，順帝之則」。相傳是堯帝時代的詩歌。大家都知道，中國第一部詩集就是「詩經」，而詩經裡記載的詩，大都是在沒有文字之前，人民為抒發情懷「手之舞之，足之蹈之」所唱的一些民歌，所以說詩為文學之首。詩經裡二風「周南」與「召南」，就是周代的民歌。中國詩基本精神是所謂「風人之旨」。它不僅可提昇人的品質，亦可影響社會的風尚。「風之教化人民」，「雖無為而自發，乃有益於生靈」，故詩序說：「風之始也，所以風天下正夫婦，正得失，動天地，感鬼神，莫近於詩」。可見詩於人民生活中是多麼重要。古時候對詩教育是很重視的，孔子就曾問他的兒子伯魚說：

「學詩乎？不學詩無以言」。古時設有採風官，彙集人民歌謠，以觀社會風尚，做為在上者施政之參考。唐更以詩取士。欲入仕途為官，必先會作詩，因而那時的讀書人莫不知詩。所以我說中國是個詩的民族。但由於時代的變遷，詩教育日漸式微，民國以還，歐風東漸，代之而起的是新文學。胡適的「嘗試集」，可說是我國新詩的啓蒙，稍後李金髮、戴望舒等相繼將西歐新詩各流派介紹到中國來，中國新詩至此脫離舊詩的巢臼，迎向一個新的里程碑。

鄉賢潘皓教授，是一位社會學者，他的學術著作，教育部曾選為大學用書，在學術界自有他的定位與成就。但近幾年他相繼推出好幾本新詩集，可見他除社會學的專業，復把觸角伸向詩文學的領域。日前承他惠贈最近出版的「野農詩之錄」，沐香拜讀數遍，沒想到這位社會學者，而對新詩造詣亦有如此之深厚。潘皓的詩在形式上可說是自有風格；諸如他的詩句有時長達數十字，但在斷句上有他自己的技巧，讓人讀起來並不感吃力或拗口，內容上乃兼容各家之長。他的詩最大的特點是：明朗但不流於告白，含蓄而又不流於晦澀，這是一般人很難做到的。把淺語寫得有味，深意寫得雋永，非學養厚殖者難臻此境。過去有人把詩分為「隔」與「不隔」，所謂「隔」，就是晦澀不易懂，「不隔」就是明朗易懂。比如古人詩「池塘生春草，空梁落燕泥，「採菊東籬下，悠然見南山」，其妙處即在於不隔，而「酒祓清愁，花消英氣」，「謝家池上，江淹浦畔」則隔矣！隔也就是晦澀難懂，不如前者明朗一看就懂。潘皓的詩多屬於明朗的，少數詩句看似稍隔，其實他是用隱喻與象徵手法來表達的，但細看還是可以明白其詩意的。不像時下有人把詩寫的如謎語，不僅佶曲聱牙，晦澀難懂，甚或不知所云。寫這類詩者有兩種人，其一是初學寫詩者，認為現代詩只要寫得讓人看不懂，從字典裡找幾個生僻字湊成行就是現代詩。其二是故意標新。以顯淵博與深奧，這類人大多是有多年詩齡，他們認為詩要「超現實」，要有「禪味」，甚或不食人間煙火。如果我們現代人都讀不懂現在人寫的詩，千百年後還會有人看得懂嗎？現在人如果稍讀書識字，大概都會唸幾首古詩：「春眠不覺曉，處處聞啼鳥，夜來風雨聲，花落知多少」。「窗前明月光，疑是地上霜，舉首望明月，低頭思故鄉」。或「烽火連三月，家書抵萬金」。這些詩句至今能讓人朗朗上口，就因它淺明易懂，而我們現代人的新詩，我懷疑千百年後能有幾人讀的懂？至於說詩要有「禪味」，要頓悟方可明白，其實也不盡然，如寒山、拾得所寫禪詩：「身為有限身，死作無名鬼，自古如此多，君今爭奈何」？「微風吹幽松，近聽聲逾好，下有斑白人，喃喃讀黃老，十年歸不得，忘卻來時道」。《寒山》「寒山住寒山，拾得自拾得，見時不相見，覓時何處覓？借問有何緣？卻道無為力。」《拾得》。再者，如世所共知的六祖慧能衣缽詩：「菩提本無樹，明鏡亦非台，本來無一物，何處惹塵埃」？他們都是禪宗高僧，這些詩不是也淺明易懂嗎？在淺明中有至理，讓人回味無窮。所以我們寫詩即使要有禪味，亦不必非寫的像打啞謎，讓人丈二金剛。好詩不在晦澀難懂，而在有「餘韻」，給人有想像空間。後主「流水落花春去也，天上人間」，即在可解不可解之間，給人有無限的想像，而餘味無窮。詩只可會意不可言傳。王國維將「驀然回首，那人卻在燈火闌珊處」，評為最高境界，意即在此吧！

　　現代詩之為人詬病，是因有些晦澀得讓人不解，標新立異，故弄虛妄，而這類詩乃一種「病詩」。唐詩僧皎然說詩有六迷：「以虛誕而為高古，以緩漫而為沖淡，以錯意而為獨善，以詭詐而為新奇，以爛熟而為隱約，以氣少力弱而為容易」。以這六迷來形容時下那些自以高古，自以新奇的晦澀詩，亦不為過，這正是現代詩的「迷途」。我們綜觀潘皓的詩，卻未見有如皎燃說的「六迷」之病。這集子所收之詩，雖說都為近年所寫，但從詩的內容時空上看，卻跨越了六十年之久。有些憶往懷舊之作，是寫國府遷台之前，內戰正熾，徐蚌會戰失敗後，他隨著離亂人潮南走，逃亡途中經歷的苦難，是讓他刻骨銘心的，「相約望江樓」及「一場戰爭卻演成我一則詩與夢飄搖故事」，這兩首詩都是抒寫他當時的心境。潘皓的詩，雖說寫的是個人的經歷故事，但他走過這個時代，留下這些詩篇，雖是雪泥鴻爪，而我們從這些詩篇裡，可窺見這個時代的縮影。潘皓是位社會學者，也許他對社會的體認與關懷更異於常人，所以字裡行間流露著濃濃地熱愛國家與關懷社會的情愫。試看：

九月的黃昏
覆蓋著哽咽的江流
晚來的潮汐
擁抱著破碎的山河痛哭

這是何等情操？屈原之偉大，在於他熱愛國家，「雖九死而未悔」。杜甫之偉大，在於他「窮年憂黎元，嘆息腸內熱」，關懷黎庶的人道主義，表現詩人的悲憫情懷，而潘皓兼而有之。安史之亂，杜甫逃亡西蜀，寫了不少離亂的詩，「野哭千家聞戰伐」，「行人弓箭各在腰」。潘皓就是在「戰伐」的年代，從安徽老家一路逃亡至海島的。我們先看他的「相約望江樓」：

儘管已越半世紀
可我的凝眸
卻依然停滯在那扇朝向
北北西的窗口

當徐蚌會戰的砲聲
斬斷了關山路
在雪夜我仍以熾熱的
情懷守候望江樓

就這樣從煙波千里
揮別暴風雨的
那一瞬間，一個何等的殘酷
割裂了的創痛啊

如今，依然在
我心海中隱隱地顫動著
依然在落日
燒焦的雲嶺飄搖

這首詩寫於二〇〇四年九月，是一首憶往懷舊作品。這首詩的時空背景故事，作者在自序裡這麼寫道：「當徐蚌會戰失敗後，我於一九四八年十一月間，為了避免戰火波及，即自故鄉鳳陽逃亡到南京」。他和一位女同事，相約在南京的望江樓會面，一同流亡，相偕南走。在寒風蕭蕭地雪夜，他望著北方，癡癡的等候那位女同學到來，可是他失望了，最終不見伊人倩影。最後他只好在秦淮河畔的笙歌被淹沒在一片砲聲裡，帶著一顆失落悵然的心，告別南京續而南下杭州、廣州、香港，最後來到台灣。這位女同學是他小、中、大學同窗唸書的硯友，那份純真的情感，數十年念念難忘，也許是最初的就是最美的。人生的際遇，一個不期然的奇遇，或一場讓人盪氣迴腸戀情，都使他難以忘懷，可見這份美的感情，在他心靈中是多麼深刻。他另一首「一場戰爭」，描繪的也是這段故事：

老天爺真的是
會捉弄人
我於不知愁的年代
曾寫過一首命題為虹的詩
時雖超越半世紀
卻依然在天之外飄搖
或許，這是因為

滾滾煙塵劫
在夢中我和她相對悵望
皆不甘坐待於死亡
沒想到這首詩當徐蚌會戰爆發後
幾已演成驚恐的斷句，殘章

這時我已跨長江之險
來到首都的金陵
在一個無以名狀的情況下
頓感悲痛欲絕
眼看那滯留斜陽外的夢竟幻為
彈片滴落若星雨的茫然

而且石頭城外的黃昏
似在棲霞山泣血
雞鳴寺的鐘聲，怎麼敲

也敲不醒夜底低迷，而我雖能吟著詩
擎著夢從一場戰火中脫困
可是卻成了浪跡天涯的一孤鳥

如今我只有在默默地
以神思之悠悠
金風之颼颼，飄起她那一頭
茂密如森林的秀髮
使之散發為凌空涓絲瀑布，好把這詩與夢
捲起了一道另類的漩流

潘皓這兩首詩都是寫他那位女同學，也都是寫戰爭的殘酷，但他以不同的面貌呈現給我們。同是寫的真摯感人，讀之為之動容。像「石頭城外的黃昏，似在棲霞山泣血」，這樣淒美的詩句，比之古人亦無遜色。南京是六朝古都曾留下多少淒美的愛情故事？夢斷金陵，如今又添一樁。凡是經歷過大陸撤離那一段苦難歲月的人，皆有同感，一掬共鳴。

自古多少有情人在戰爭中被拆散，生離死別的痛苦，未經戰爭的人是不能體會於萬一的。這兩首詩非常成功，不僅內容感人，形式亦工巧。前者四段每段四行，後者六段每段六行，使詩有均勻之感，由此可看出作者技巧之圓熟。

到台灣後的數十年，潘皓更寫了不少好詩，他將生活的點滴及觀感均溶入他的詩裡。這裡先看他反映社會現實的詩句：「當我從制高點，俯看大地發現一群醒獅們，正在凱達格蘭大道，向黑暗發出憤怒的吼聲」。這是寫紅衫軍反貪腐場景。「有一群怪獸終日跟著火球在比賽瘋狂，而且以自閉的心態，關起門來打造劇本，將不知如何面向世界化的地球村，在國際舞台演出」。台灣的政治人物，就是這麼短視，每天在玩火自焚，且夜郎自大，沒有國際視野。「即使鎖國，照樣會把骯髒暴出來，躍上國際媒體新年度的十大醜聞」。「也許這是個失意的社會，讓太多曾發亮的政治人物，瞬即自浪波中隨風而逝。」「藍說不獨、綠說不統，人民說不武，未來呢？就讓時間去說吧」！「最雪亮的莫過於人民的眼睛，貪焚則只有坦然面對。」潘皓熱愛我們生活的這塊土地，所以才對政治人物嚴厲批判，這在那些「超現實」者眼裡或認為是政治詩，但這正是潘皓對社會的關懷，對蒼生的悲憫！千百年後人們或可從這些詩中窺見今日社會風貌。正如我們從前人詩中得知那時的社會情景。潘皓的小品、短詩，也都寫成清逸精緻，如：

昨夜，我以詩潑灑星雨
今晨，詩讓我吟唱黎明《我與詩》

遍地烽火
把藍天
燒成一片灰濛《即興》

沙漠茫昧
讓孤島
只好凌空飛颺《即興》

只因她那一笑

使得寂寞
而遼闊的夜空立即飄起一道
白髮三千丈的滾滾江流《星雨奇觀》

這些詩意象鮮明隱喻得宜。在潘皓的詩裡這類珠璣佳句，俯拾皆是。詩之好，在精而不在多。宋潘大臨「滿城風雨近重陽一句之得留傳千古。乾隆貴為皇帝，一生寫了四萬多首詩，又有多少留傳下來？我們除看過他極少數幾首題畫詩，其他就鮮為人知了。這個集子裡還有許多可讀性很高的詩，如「阿里山的歌聲」、「淡水觀海」、陽明山「賞花」、「碧潭的黃昏」等，這些寫景兼抒情的詩，正是作者對大自然的嚮往與詠嘆。我不再抄錄就留給讀者自己去欣賞吧！

辛卯年八月於台灣文化城夢痕齋

國家圖書館出版品預行編目資料

夢幻小品 / 潘 皓著. -- 初版. --臺北市：文史哲, 民 101.09
面 ： 公分. --（文史哲詩叢；108）
ISBN 978-986-314-064-1（平裝）

851.486　　　　101018207

文 史 哲 詩 叢 108

夢 幻 小 品

著　　者：潘　皓
出 版 者：文史哲出版社
http://www.lapen.com.tw
登記證字號：行政院新聞局版臺業字五三三七號
發 行 人：彭　正　雄
發 行 所：文史哲出版社
印 刷 者：文史哲出版社
臺北市羅斯福路一段七十二巷四號
郵政劃撥帳號：一六一八〇一七五
電話886-2-23511028 · 傳真886-2-23965656

實價新臺幣三二〇元

中華民國一〇一年（2012）十二月初版三刷

ISBN 978-986-314-064-1　　09108